CAHIERS D'ÉNIGMES
Collection dirigée par Jean-Luc Caron

S'entraîner à la lecture

Ernest Robert
Illustrations de Chklé

RETZ
www.editions-retz.com
9 bis, rue Abel Hovelacque
75013 Paris

SOMMAIRE

MIXTE
Papier issu de sources responsables
FSC® C022030
ISBN : 978-2-7256-3033-5

Le papier de cet ouvrage est composé de fibres naturelles, renouvelables, fabriquées à partir de bois provenant de forêts gérées de manière responsable.

LA COURSE D'ORIENTATION

AU MUSÉE DE LA MER

DES CLEFS

LE CALENDRIER

MODE D'EMPLOI

Présentation

Dans ce cahier, les enfants vont s'entraîner à la **lecture** en résolvant **40 énigmes** et en suivant les pérégrinations de Léo, apprenti enquêteur.

Cet ouvrage vise à susciter l'intérêt de l'enfant et à lui procurer d'agréables moments de recherche et de découverte. Au-delà du plaisir éprouvé, l'enfant va être amené à :

- se placer en position de lecteur actif ;
- aiguiser sa curiosité, son envie d'apprendre ;
- stimuler son imagination, sa réflexion et son esprit de déduction.

Ces énigmes permettent à l'enfant de développer ses aptitudes à comprendre un texte ou un document dans sa globalité, mais aussi de façon fine en étant capable de rechercher une information précise sur ces **différents supports**.

Pour résoudre une énigme, l'enfant peut s'appuyer sur deux ou trois **indices** qui lui permettent d'émettre ou de rejeter des hypothèses. Lorsqu'il pense avoir trouvé la réponse, il doit la reporter sur une page **« Mystère résolu »**. Une fois toutes les énigmes d'un même thème réalisées, il peut découvrir un dernier mystère et ainsi vérifier ses réponses. Pour chaque énigme, la réponse expliquée est écrite « à l'envers » sur le bas de page.

Conseils d'utilisation

Nous conseillons de commencer par le premier thème de ce cahier. Il est ensuite possible de ne pas suivre l'ordre du cahier, mais il est nécessaire de résoudre successivement toutes les énigmes qui correspondent à un thème.

Veillez à ce que l'enfant se place en réelle **situation de recherche** pour découvrir la réponse, sans essayer de la deviner en lisant le texte de bas de page noté à l'envers.

Certains enfants aiment résoudre seuls les énigmes, d'autres préfèrent partager ce moment. Si l'enfant vous sollicite, jouez avec lui, apportez-lui une aide, au besoin aiguillez-le, mais laissez-le découvrir la réponse lui-même. Il est important que les énigmes soient considérées comme **un jeu** et non comme un exercice obligatoire à réaliser.

Voici comment fonctionne ton cahier. Regarde bien…
Puis aide-nous à résoudre les 40 énigmes !

Le **texte** et **l'illustration** posent le décor et donnent les informations utiles pour résoudre l'énigme.

Voici la page du **« Mystère résolu »**. Les réponses que tu y reportes te permettent de résoudre un dernier mystère.

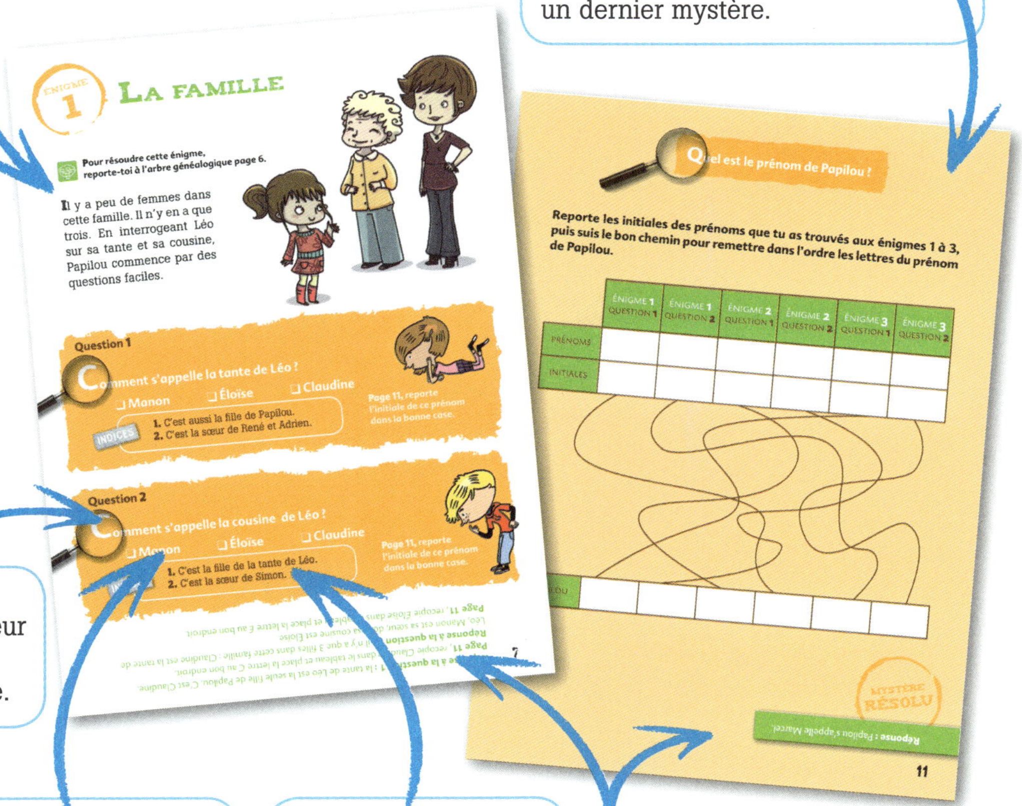

Énigme 1 — La famille

Pour résoudre cette énigme, reporte-toi à l'arbre généalogique page 6.

Il y a peu de femmes dans cette famille. Il n'y en a que trois. En interrogeant Léo sur sa tante et sa cousine, Papilou commence par des questions faciles.

Question 1

Comment s'appelle la tante de Léo ?

❏ Manon ❏ Éloïse ❏ Claudine

INDICES
1. C'est aussi la fille de Papilou.
2. C'est la sœur de René et Adrien.

Page 11, reporte l'initiale de ce prénom dans la bonne case.

Question 2

Comment s'appelle la cousine de Léo ?

❏ Manon ❏ Éloïse ❏ Claudine

INDICES
1. C'est la fille de la tante de Léo.
2. C'est la sœur de Simon.

Page 11, reporte l'initiale de ce prénom dans la bonne case.

7

Quel est le prénom de Papilou ?

Reporte les initiales des prénoms que tu as trouvés aux énigmes 1 à 3, puis suis le bon chemin pour remettre dans l'ordre les lettres du prénom de Papilou.

	Énigme 1 Question 1	Énigme 1 Question 2	Énigme 2 Question 1	Énigme 2 Question 2	Énigme 3 Question 1	Énigme 3 Question 2
Prénoms						
Initiales						

Mystère résolu

11

La **loupe** met en valeur la question de l'énigme.

- **Choisis ta réponse** parmi la liste de propositions.
- **Reporte ta réponse** à la page indiquée pour résoudre le mystère.

Si tu ne trouves pas la clé de l'énigme, ces **indices** te mettent sur la voie.

Tu peux **vérifier ta réponse** ici, en retournant ton cahier.

L' arbre généalogique

Papilou, c'est toujours comme ça que Léo appelait son grand-père. Il n'a jamais su quel était son prénom. Un jour, il est allé le voir pour le lui demander. Celui-ci, toujours prêt à amuser son petit-fils, lui proposa un jeu autour de son arbre généalogique pour le découvrir. (Sur cet arbre, le nom des conjoints des enfants de Papilou n'est pas précisé).

ÉNIGME 1

La famille

Pour résoudre cette énigme, reporte-toi à l'arbre généalogique page 6.

Il y a peu de femmes dans cette famille. Il n'y en a que trois. En interrogeant Léo sur sa tante et sa cousine, Papilou commence par des questions faciles.

Question 1

Comment s'appelle la tante de Léo ?

- ❑ Manon
- ❑ Éloïse
- ❑ Claudine

INDICES
1. C'est aussi la fille de Papilou.
2. C'est la sœur de René et Adrien.

Page 11, reporte l'initiale de ce prénom dans la bonne case.

Question 2

Comment s'appelle la cousine de Léo ?

- ❑ Manon
- ❑ Éloïse
- ❑ Claudine

INDICES
1. C'est la fille de la tante de Léo.
2. C'est la sœur de Simon.

Page 11, reporte l'initiale de ce prénom dans la bonne case.

Réponse à la question 1 : la tante de Léo est la seule fille de Papilou. C'est Claudine.
Page 11, recopie *Claudine* dans le tableau et place la lettre C au bon endroit.
Réponse à la question 2 : il n'y a que 3 filles dans cette famille : Claudine est la tante de Léo, Manon est sa sœur, donc sa cousine est Éloïse.
Page 11, recopie *Éloïse* dans le tableau et place la lettre E au bon endroit.

ÉNIGME 2

Les oncles

Pour résoudre cette énigme, reporte-toi à l'arbre généalogique page 6.

Léo aime bien ces petits moments, seul avec son grand-père. Il est, comme dit papa, « la bibliothèque de la famille ». Il connaît plein d'histoires sur chacun de nous et on ne s'ennuie jamais lorsqu'il s'installe dans son fauteuil pour nous raconter sa jeunesse, et notamment comment il a rencontré Mamilou. La voix de Papilou sort Léo de ses rêveries… Il est temps de poursuivre les questions…

Question 1

Comment s'appelle l'oncle de Léo ?

❏ René ❏ Adrien ❏ Simon

Page 11, reporte l'initiale de ce prénom dans la bonne case.

INDICES
1. C'est aussi le frère de son père.
2. C'est un des fils de Papilou.

Question 2

Comment s'appelle l'oncle de Sylvain ?

❏ René ❏ Adrien ❏ Simon

INDICES
1. C'est un des fils de Papilou.
2. C'est aussi le père de Léo.

Page 11, reporte l'initiale de ce prénom dans la bonne case.

Réponse à la question 1 : Papilou a deux fils, Adrien et René. Comme Adrien est le père de Léo, alors son oncle est René.
Page 11, recopie *René* dans le tableau et place la lettre R au bon endroit.
Réponse à la question 2 : comme René est le père de Sylvain, alors son oncle est Adrien.
Page 11, recopie *Adrien* dans le tableau et place la lettre A au bon endroit.

ÉNIGME 3

Les petits-enfants

Pour résoudre cette énigme, reporte-toi à l'arbre généalogique page 6.

Des cris d'enfants résonnent dans le jardin. Les cousins de Léo se sont réveillés de leur sieste. Il est plus que temps de découvrir le prénom de Papilou, avant qu'ils ne les interrompent, et ne leur posent trop de questions concernant cet « arbre des prénoms ». Papilou voudra sûrement s'en resservir avec eux !

Question 1

Comment s'appelle la nièce de Claudine ?

❑ Manon ❑ Éloïse

Page 11, reporte l'initiale de ce prénom dans la bonne case.

INDICES
1. C'est aussi la fille d'Adrien.
2. C'est la sœur du personnage principal de l'histoire.

Question 2

Comment s'appelle le fils d'Adrien ?

❑ Maxime ❑ Léo ❑ Sylvain

Page 11, reporte l'initiale de ce prénom dans la bonne case.

INDICES
1. C'est aussi un des neveux de René.
2. C'est le personnage principal de l'histoire.

Réponse à la question 1 : parmi les petits-enfants de Papilou, il n'y a que deux filles. Si Éloïse est la fille de Claudine, alors sa nièce est Manon.
Page 11, recopie *Manon* dans le tableau et la lettre *M* au bon endroit.
Réponse à la question 2 : Adrien a une fille, Manon, et un fils, Léo.
Page 11, recopie *Léo* dans le tableau et place la lettre *L* au bon endroit.

MYSTÈRE RÉSOLU
ÉNIGMES 1 À 3

Le mystère de Papilou

Quel est le prénom de Papilou ?

Reporte les initiales des prénoms que tu as trouvés aux énigmes 1 à 3, puis suis le bon chemin pour remettre dans l'ordre les lettres du prénom de Papilou.

	ÉNIGME **1** QUESTION **1**	ÉNIGME **1** QUESTION **2**	ÉNIGME **2** QUESTION **1**	ÉNIGME **2** QUESTION **2**	ÉNIGME **3** QUESTION **1**	ÉNIGME **3** QUESTION **2**
PRÉNOMS						
INITIALES						

PAPILOU						

MYSTÈRE RÉSOLU

Réponse : Papilou s'appelle Marcel.

ÉNIGME 4

LE JEU DE PISTE

D'habitude, Léo n'aime pas trop se lever pour aller au centre aéré, mais ce matin, c'est différent. Aujourd'hui, on est mercredi, et les animateurs ont organisé un grand jeu de piste, son jeu préféré.

– Les règles sont simples, dit Philippe, le premier message vous conduira à un objet près duquel se trouvera le message qui vous indiquera un second objet et donc un second message… jusqu'au trésor. Le jeu commence dès que vous aurez lu la première énigme.

J'ai 4 pieds, mais je suis incapable de marcher. Qui suis-je ?

Réponse : ______________________

INDICES

1. Je n'ai pas de dossier.
2. Je m'habille souvent d'une nappe.
3. On mange sur mon dos.

Page 17, écris ce mot à l'endroit indiqué dans la grille.

Réponse : c'est la table.
Page 17, écris *table* dans la grille.

ÉNIGME 5

VITE, GARDONS DE L'AVANCE !

Où trouve-t-on des tables ? À la cantine bien sûr ! C'était facile. Le voilà déjà parti à la recherche du second message. Pour l'instant, il est en tête. Il trouve une nouvelle énigme posée sur l'une des tables du réfectoire.

Question 1

Tu me marches dessus pour aller à l'étage. Qui suis-je ?

Réponse : ______________________________

INDICES

1. Je suis parfois en colimaçon.
2. Je suis souvent accompagné d'une rampe.
3. J'ai plusieurs marches.

Page 17, écris ce mot à l'endroit indiqué dans la grille.

Question 2

Pas besoin de la clarté du jour pour y voir, car une lumière artificielle apparaît lorsque ma porte s'ouvre. Quel est mon petit nom ?

Page 17, écris ce mot à l'endroit indiqué dans la grille.

Réponse : ______________________________

INDICES

1. Mon intérieur est froid.
2. On me remplit de nourriture pour la conserver.
3. Mon nom complet est réfrigérateur.

Réponse à la question 1 : c'est l'escalier.
Page 17, écris *escalier* dans la grille.
Réponse à la question 2 : c'est le frigo.
Page 17, écris *frigo* dans la grille.

ÉNIGME 6

Et le gagnant est...

Après avoir trouvé un message caché sous l'escalier, il a mis plus de temps à trouver le second message, au frais, à côté des yahourts. Mais, heureusement qu'il y est arrivé et qu'il garde son avance ! En entendant les voix des autres enfants se rapprocher de lui, il cache vite le nouveau message après l'avoir lu attentivement.

En m'ouvrant, tu crées une petite cascade qui te rafraîchira ou te lavera les mains. Qui suis-je ?

Réponse : ____________________________

Page 17, écris ce mot à l'endroit indiqué dans la grille.

INDICES

1. Je suis au-dessus de l'évier ou du lavabo.
2. Tu peux me rencontrer dans la cuisine ou dans la salle de bains.
3. Selon la façon dont tu t'y prends, tu obtiendras de moi eau chaude ou eau froide.

Réponse : c'est le robinet.
Page 17, écris *robinet* dans la grille.

ÉNIGME 7

Un enquêteur hors pair

– Et voilà le quatrième message ! claironne Léo, pas peu fier de devancer ses concurrents en sortant de la salle de bains. À la lumière d'un rayon de soleil traversant la vitre du couloir, il déchiffre le dernier message.

Question 1

Je mesure le temps, mais je n'ai pas de cadran. Qui suis-je ?

Réponse : ______________________

Page 17, écris ce mot à l'endroit indiqué dans la grille.

INDICES

1. Je vis aussi bien les pieds au sol, que la tête en bas.
2. Je contiens du sable.
3. Tu m'utilises parfois dans les jeux de société.

Question 2

LAS est à droite de TE, et TE est à droite de MA. Quel est le mot qui me désigne ?

Réponse : ______________________

Page 17, écris ce mot à l'endroit indiqué dans la grille.

INDICES

1. Je suis souvent placé sur un sommier.
2. On s'allonge sur moi pour se reposer.
3. Je dois supporter les humains des heures, pour la sieste ou la nuit.

Réponse à la question 1 : c'est le sablier.
Page 17, écris *sablier* dans la grille.
Réponse à la question 2 : c'est le matelas.
Page 17, écris *matelas* dans la grille.

MYSTÈRE RÉSOLU ÉNIGMES 4 À 7

LE MYSTÈRE DES BONBONS

Avec qui Léo partage-t-il ses bonbons ?

Là, dans la chambre, sous le matelas, Léo découvre un panier rempli de bonbons ! Il est le premier enfant arrivé au trésor. Que va-t-il en faire ? Tout manger ou partager ?

En complétant la grille avec les réponses des énigmes 4 à 7, tu verras apparaître le nom de la personne avec qui Léo va partager ses bonbons dans les cases vertes.

Énigme 4								
Énigme 5 Question 1								
Énigme 5 Question 2								
Énigme 6								
Énigme 7 Question 1								
Énigme 7 Question 2								

Réponse : Léo partage ses bonbons avec Lionel.

Le plan

Aujourd'hui, le centre organise une nouvelle chasse au trésor. Léo a hâte de remettre son titre en jeu !

L'animateur tend une feuille à chaque enfant en leur disant qu'il s'agit d'une des trois parties d'une affiche qu'il a déchirée. Les enfants doivent récolter le maximum d'indices sur cette affiche.

À chaque bonne réponse, il leur sera donné un nouveau morceau… avec une surprise pour celui qui aura trouvé toutes les réponses en premier !

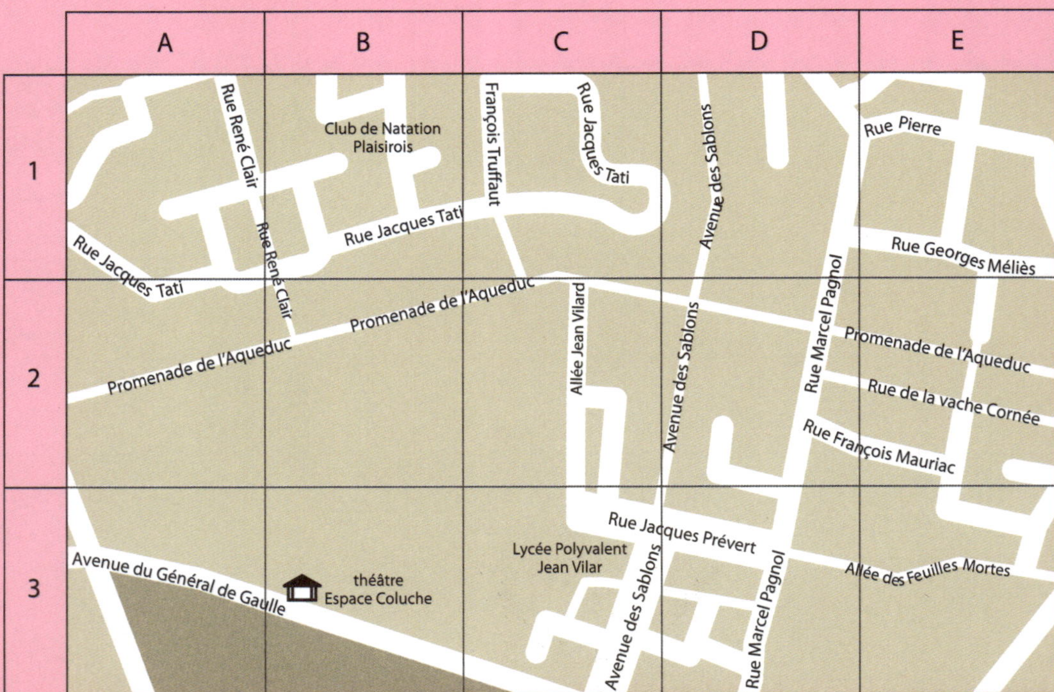

ÉNIGME 8

L'AFFICHE

Pour résoudre cette énigme, reporte-toi au plan de la page 18.

Léo reçoit le premier morceau où il ne peut déchiffrer que peu de mots. La suite des phrases se trouve sur les autres morceaux. De quoi cette affiche peut-elle bien parler ? Quel mystère !

Question 1

Que signifie le numéro 78 après le mot « Plaisir » ?

Le 78 représente ______________________

INDICES

1. C'est le nom d'un département.
2. Ce département se trouve dans la région parisienne.
3. Son nom commence par les lettres « Yv ».

Page 23, dans la première grille, colorie en bleu les cases avec les lettres de la bonne réponse.

Question 2

Sur le plan, sur quelle case se situe l'espace Coluche ?

L'espace Coluche se situe sur la case __________

INDICES

1. C'est dans la 2e colonne.
2. C'est sur la 3e ligne.

Page 23, dans la deuxième grille, colorie en bleu les cases avec les lettres de la bonne réponse.

Réponse à la question 1 : 78 est le département des Yvelines.
Page 23, colorie en bleu les lettres *Y, V, E, L, I, N, S* chaque fois qu'elles apparaissent dans la 1re grille.
Réponse à la question 2 : l'espace Coluche se situe sur la case B3.
Page 23, colorie en bleu la lettre *B* et le chiffre *3* chaque fois qu'ils apparaissent dans la 2e grille.

ÉNIGME 9

Se repérer dans le temps

Léo obtient, comme la plupart de ses camarades, le deuxième morceau de l'affiche. Malheureusement, il n'y a aucun indice qui dise de quoi il s'agit… Juste un prénom et quelques numéros…

Question 1

À quel mois correspond le deuxième numéro dans « 06/08/2010 » ?

Le 08 est le mois ______________

INDICES
1. Ce mois se déroule pendant des vacances scolaires.
2. Il vient juste après le mois de juillet.

Page 23, dans la troisième grille, colorie en bleu les cases avec les lettres de la bonne réponse.

Question 2

Combien de temps dure l'événement ?

L'événement dure ______________

INDICES
1. Il y a 1 heure entre 19 h 30 et 20 h 30.
2. Il y a 2 heures entre 19 h 30 et 21 h 30.
3. Il y a 3 heures entre 19 h 30 et 22 h 30.

Page 23, dans la quatrième grille, colorie en bleu les cases avec les lettres de la bonne réponse.

Réponse à la question 1 : c'est le mois d'août.
Page 23, colorie en bleu les lettres *A, O, Û, T* chaque fois qu'elles apparaissent dans la 3e grille.
Réponse à la question 2 : l'événement dure 4 heures.
Page 23, colorie en bleu les lettres *H, E, U, R, S* et le chiffre *4* chaque fois qu'ils apparaissent dans la 4e grille.

ÉNIGME 10

UN PEU DE VOCABULAIRE

Léo est heureux. Il sent qu'il va gagner. Il sait tout ce qu'il faut savoir sur cette mystérieuse affiche. Grâce au dernier morceau, il sait même que l'événement du 6 août est un concert !

Question 1

Que veulent dire les mots « voie publique » ?

« Voie publique » est un synonyme de ________

INDICES

1. On roule ou on marche dessus à l'extérieur.
2. Le passage piéton la traverse.
3. C'est un mot de 3 lettres.

Page 23, dans la cinquième grille, colorie en bleu les cases avec les lettres de la bonne réponse.

Question 2

Que veulent dire les trois lettres : « SVP » ?

« SVP » signifie ________________

Page 23, dans la sixième grille, colorie en bleu les cases avec les lettres de la bonne réponse.

INDICES

1. C'est une formule de politesse.
2. On pourrait aussi dire : « Si cela ne vous dérange pas ».

Réponse à la question 1 : la voie publique est un synonyme de rue.
Page 23, colorie en bleu les lettres *R, U, E* chaque fois qu'elles apparaissent dans la 5e grille.
Réponse à la question 2 : SVP signifie s'il vous plaît.
Page 23, colorie en bleu les lettres *S, V, P* chaque fois qu'elles apparaissent dans la 6e grille.

MYSTÈRE RÉSOLU
ÉNIGMES 8 À 10

Le mystère du trésor

Quel trésor Léo a-t-il gagné ?

Pour découvrir la récompense de Léo, colorie les lettres correspondant aux réponses que tu as trouvées pour chaque énigme.

ÉNIGME 8 QUESTION 1

Y	V	E	U
V	B	L	C
E	N	I	A
L	E	N	E
I	O	R	V
N	E	S	Y

ÉNIGME 8 QUESTION 2

I	B	S
M	3	8
4	B	S
U	3	1
2	B	A
K	3	0

ÉNIGME 9 QUESTION 1

A	P	I
O	V	R
Û	S	Z
T	E	L
A	C	B
O	Û	T

ÉNIGME 9 QUESTION 2

4	2	L
H	M	5
E	G	N
U	D	6
R	1	2
E	S	4

ÉNIGME 10 QUESTION 1

R	U	E
U	V	J
E	U	R
R	B	T
U	D	S
E	U	R

ÉNIGME 10 QUESTION 2

S	V	P
A	S	H
O	V	F
J	P	R
Z	S	M
G	V	Y

Léo est fier. Ses amis n'ont pas réussi à le battre cette fois encore ! Il demeure le roi des enquêteurs ! Mais qu'a-t-il bien pu gagner cette fois-ci ?

Léo a gagné ______________________

Réponse : Un billet pour le concert à Plaisir.

ÉNIGME 11

Le concert

Léo avait promis à ses amis de leur raconter en détail le concert auquel il a assisté. Mais il décida de le faire à sa manière. Voici comment il le leur a raconté :
« Je suis entré dans une salle immense. Je me suis installé bien en face de la scène où un grand rideau rouge tombait. Peu à peu, la salle s'est remplie, et la lumière s'est estompée. De derrière le rideau résonna un instrument qui donne le rythme et le tempo aux autres instruments. »

Comment s'appelle cet instrument ?

❑ Le saxophone **G** ❑ Le piano **O** ❑ La batterie **R**

Page 29, reporte la lettre de la bonne réponse à l'endroit indiqué dans le tableau.

INDICES

1. Cet instrument a une caisse claire.
2. On y joue avec des baguettes.

Réponse : c'est la batterie.
Page 29, reporte la lettre R dans la 1re case du tableau.

ÉNIGME 12

Ouverture du rideau

Emporté par le rythme, Léo n'entend pas tout de suite le son d'un nouvel instrument. Pourtant le rideau a commencé à s'ouvrir aux sons chauds qu'il produit.

Quel est cet instrument en forme de S ?

- ❑ Le piano **X**
- ❑ Le saxophone **N**
- ❑ La trompette **U**

Page 29, reporte la lettre de la bonne réponse à l'endroit indiqué dans le tableau.

INDICES

1. C'est un instrument à vent.
2. On souffle dedans pour en jouer.
3. Il est fait de cuivre.

Réponse : c'est le saxophone.
Page 29, reporte la lettre N dans la 2e case du tableau.

ÉNIGME 13

Le jazz

Ce groupe qui joue du jazz, Léo le reconnaît, c'est RX6MON.

Le public applaudit lorsqu'il aperçoit le troisième membre du groupe. Dès qu'il commence à jouer, les accords résonnent dans toute la salle. Ses mains courent sur plein de touches blanches et noires.

Puis soudain, la mélodie qu'il interprète de sa main droite s'accélère. Il joue très vite et impressionne tout le monde.

De quel instrument joue-t-il ?

❑ Le piano **B** ❑ Le xylophone **V** ❑ La flûte **S**

Page 29, reporte la lettre de la bonne réponse à l'endroit indiqué dans le tableau.

INDICES

1. On ne peut pas le transporter.
2. On n'y joue pas avec des baguettes

Réponse : c'est le piano.
Page 29, reporte la lettre *B* dans la 3ᵉ case du tableau.

ÉNIGME 14

La chanson française

L'artiste suivante est Anabelle. C'est une chanteuse appréciée par les grands-parents de Léo. Papilou dit toujours : « C'est de la vraie chanson française à texte, ça ! » Elle est accompagnée par deux musiciennes.

Question 1

L'une d'elles porte un piano à bretelle. De quel instrument s'agit-il ?

❑ **Le synthétiseur E** ❑ **La clarinette W** ❑ **L'accordéon Q**

INDICES

1. Ce n'est pas un instrument électrique.
2. C'est un instrument à vent.
3. On ne produit pas le vent en soufflant dans l'instrument mais grâce à un soufflet.

Page 29, reporte la lettre de la bonne réponse à l'endroit indiqué dans le tableau.

Question 2

L'autre musicienne tient son instrument entre l'épaule et le menton. De quel instrument s'agit-il ?

❑ **La contrebasse F** ❑ **Le violon P** ❑ **L'harmonica M**

Page 29, reporte la lettre de la bonne réponse à l'endroit indiqué dans le tableau.

INDICES

1. Il se joue à l'aide d'un archet.
2. L'archet glisse sur les cordes pour produire un son.
3. De la façon dont elle tient son instrument, il doit être suffisamment petit.

Réponse à la question 1 : la première musicienne joue de l'accordéon.
Page 29, reporte la lettre Q dans la 4e case du tableau.
Réponse à la question 2 : La deuxième musicienne joue du violon.
Page 29, reporte la lettre P dans la 5e case du tableau.

ÉNIGME 15

Le tube de l'été

C'était sympa, mais l'artiste qui a succédé à Anabelle sur la scène a fait se lever la salle entière qui semblait n'être venue que pour lui. Lui, c'est François, celui à qui l'on doit le tube de l'été « *Ne pars pas sans moi* ». Les filles hurlent, lui, il sourit puis s'assoit sur son tabouret avant d'entonner son désormais célèbre slow à l'aide de son instrument dont il joue à la perfection.

Quel est cet instrument à 6 cordes que l'on gratte ?

❑ **Le violoncelle I** ❑ **La batterie R** ❑ **La guitare T**

Page 29, reporte la lettre de la bonne réponse à l'endroit indiqué dans le tableau.

INDICES

1. Cet instrument se joue assis posé sur une jambe ou debout grâce à une bandoulière qui passe sur les épaules.
2. Cet instrument est parfois électrique.

Réponse : François joue de la guitare.
Page 29, reporte la lettre *T* dans la 7e case du tableau.

LE MYSTÈRE DE L'INSTRUMENT

MYSTÈRE RÉSOLU
ÉNIGMES 11 À 15

De quel instrument Léo veut-il apprendre à jouer ?

Léo finit son histoire :
« Je ne voulais pas rentrer trop tard, alors je suis parti juste après cette belle chanson. Mes parents m'attendaient à l'extérieur. J'étais content, j'avais passé un très bon moment. Et si vous voulez tout savoir, j'ai même envie d'apprendre à jouer d'un instrument ! »

ALPHABET	A	B	C	D	E	F	G	H	I	J	K	L	M
TRADUCTEUR	L	M	N	O	P	Q	R	S	T	U	V	W	X
ALPHABET	N	O	P	Q	R	S	T	U	V	W	X	Y	Z
TRADUCTEUR	Y	Z	A	B	C	D	E	F	G	H	I	J	K

Pour savoir de quel instrument Léo veut apprendre à jouer, reporte les lettres qui étaient à côté de tes réponses dans le tableau ci-dessous, puis décode-les grâce au traducteur.

	ÉNIGME 11	ÉNIGME 12	ÉNIGME 13	ÉNIGME 14 QUESTION 1	ÉNIGME 14 QUESTION 2	EXEMPLE	ÉNIGME 15
LETTRE CODÉE						A	
LETTRE DÉCODÉE						L	

MYSTÈRE RÉSOLU

Réponse : Léo veut apprendre à jouer de la cymbale.

ÉNIGME 16

Le club

Devant ses belles performances, Simon, un ami du centre propose à Léo de venir rejoindre son club des enquêteurs. Pour cela, Léo va devoir répondre à 9 questions. S'il y parvient, il aura la possibilité d'entrer dans leur repère, mais aussi de voir ce qui fait la fierté de Simon : le trésor du club, une pièce de cristal gravée. Léo découvre les énigmes avec impatience.

Question 1

On se réunit le troisième jour de chaque semaine. Lequel est-ce ?

❑ Samedi ❑ Mercredi ❑ Dimanche

Page 37, reporte le dessin de la bonne réponse, dans la case indiquée.

INDICES
1. La semaine commence le lundi. Tu peux te réciter la suite des jours et compter au fur et à mesure.
2. Le jeudi est le quatrième jour de la semaine.

Question 2

Nous nous réunissons dans notre QG. Que signifient ces lettres ?

❑ Que des garçons ❑ Quartier génial ❑ Quartier général

Page 37, reporte le dessin de la bonne réponse, dans la case indiquée.

INDICES
1. Il y a aussi des filles dans le club des enquêteurs.
2. Cela veut dire : l'endroit où l'on se réunit tous.

Réponse à la question 1 : le troisième jour de la semaine est le mercredi.
Page 37, dessine, dans la bonne case, un carré blanc en dessous de la diagonale et noir au-dessus (comme il est montré à côté de *mercredi* dans la question 1).
Réponse à la question 2 : QG sont les initiales de quartier général.
Page 37, dessine, dans la bonne case, le triangle noir dans le carré blanc (comme il est montré à côté de *quartier général* dans la question 2).

ÉNIGME 17

Le quartier général

Léo est tendu. Les questions, bien qu'apparemment faciles, le laissent perplexe. Il prend sa respiration et se prépare à entendre les nouvelles énigmes.

Question 1

Notre quartier général est perché en haut d'un arbre. Qu'est-ce que c'est ?

- ❑ Un château
- ❑ Un souterrain
- ❑ Une cabane

Page 37, reporte le dessin de la bonne réponse, dans la case indiquée.

INDICES
1. Perché veut dire être en hauteur.
2. Un château en haut d'un arbre, c'est bien trop lourd.

Question 2

L'arbre sur lequel est perché notre QG donne des fruits à pépins. Lequel est-ce ?

- ❑ L'abricotier
- ❑ Le pommier
- ❑ Le pêcher

Page 37, reporte le dessin de la bonne réponse, dans la case indiquée.

INDICES
1. Un seul des arbres proposés a des fruits à pépins, les autres ont des fruits à noyau.
2. Les noyaux sont des graines plus grosses que les pépins.

Réponse à la question 1 : le quartier général est une cabane.
Page 37, dessine, dans la bonne case, un carré qui est blanc en dessous de la diagonale et noir au-dessus (comme il est montré à côté de *cabane* dans la question 1).
Réponse à la question 2 : les pêches et les abricots sont des fruits à noyau. Donc l'arbre qui porte la cabane est un pommier.
Page 37, dessine, dans la bonne case, un carré qui est noir en dessous de la diagonale et blanc au-dessus (comme il est montré à côté de *pommier* dans la question 2).

ÉNIGME 18

Tout un symbole

Léo ne sait pas quoi penser. Plus les questions avancent, plus Simon sourit. Qu'est-ce que ça veut dire ? Est-ce qu'il se trompe souvent ? Est-ce qu'il pourra faire partie de ce club ?

Question 1

Notre animal totem est un ovipare aquatique. Lequel est-ce ?

❑ L'aigle ❑ La baleine ❑ Le requin

INDICES
1. Un ovipare pond des œufs.
2. Aquatique veut dire qu'il vit dans l'eau.
3. La baleine est un mammifère.

Page 37, reporte le dessin de la bonne réponse, dans la case indiquée.

Question 2

Notre couleur est celle qu'on utilise pour parler d'une viande peu cuite. Quelle est-elle ?

❑ Rouge ❑ Bleue ❑ Rose

Page 37, reporte le dessin de la bonne réponse, dans la case indiquée.

INDICES
1. Les aristocrates, dit-on, ont le sang de cette couleur.
2. Des yeux peuvent être de cette couleur.
3. C'est aussi la couleur du ciel quand il fait beau.

Réponse à la question 1 : les ovipares pondent des œufs et pas les mammifères. Le requin n'est pas un mammifère, le totem est donc un requin.
Page 37, dessine, dans la bonne case, un triangle blanc (comme il est montré à côté de *requin* dans la question 1).
Réponse à la question 2 : on demande une viande bleue pour dire qu'on la préfère peu cuite.
Page 37, dessine, dans la bonne case, un triangle à moitié noir (comme il est montré à côté de *bleue* dans la question 2).

ÉNIGME 19

Le nouveau membre

Léo aimerait faire une pause, mais Simon semble déterminé à finir le questionnaire. Faire entrer un nouveau membre dans le club est un évènement qui n'arrive pas tous les jours, alors Simon veut faire ça bien, et Léo le sent dans sa voix : on dirait le maître quand il lit la dictée…

Question 1

Sans toi, notre groupe était composé d'une demi-douzaine d'enfants. Avec toi, combien serions-nous ?

- ❑ **Autant qu'il y a de jours dans la semaine.**
- ❑ **Autant qu'il y a de semaines dans 2 mois.**
- ❑ **Autant qu'il y a de mois dans une demi-année.**

INDICES
1. Une douzaine, c'est 12 objets.
2. Demi veut dire moitié.
3. Compte d'abord le nombre d'enfants sans Léo, puis ajoute-le.

Page 37, reporte le dessin de la bonne réponse, dans la case indiquée.

Question 2

Nous avons pour rituel qu'un nouveau membre marche sur les rotules lorsqu'il entre pour la première fois dans notre cabane. Mais que sont des rotules ?

❑ **les poignets** ❑ **les coudes** ❑ **les genoux**

INDICES
1. Les rotules sont des os.
2. Ces os ne sont pas dans les bras.
3. Ces os sont reliés au tibia et au fémur.

Page 37, reporte le dessin de la bonne réponse, dans la case indiquée.

Réponse à la question 1 : Une demi-douzaine représente 6 enfants, avec Léo, il y a 7 détectives dans le club comme il y a 7 jours dans une semaine.
Page 37, dessine, dans la bonne case, un carré noir en dessous de la diagonale et blanc au-dessus (comme il est montré à côté de « *autant qu'il y a de jours dans une semaine* » dans la question 1).
Réponse à la question 2 : les rotules sont les os des genoux.
Page 37, dessine un carré noir dans la bonne case (comme il est montré à côté de *genoux* dans la question 2).

Le code morse

Voici le code morse qui t'aidera à déchiffrer l'énigme 20 :

A	• —	N	— •
B	— • • •	O	— — —
C	— • — •	P	• — — •
D	— • •	Q	— — • —
E	•	R	• — •
F	• • — •	S	• • •
G	— — •	T	—
H	• • • •	U	• • —
I	• •	V	• • • —
J	• — — —	W	• — —
K	— • —	X	— • • —
L	• — • •	Y	— • — —
M	— —	Z	— — • •

ÉNIGME 20

Le mentor

Pour résoudre cette énigme, reporte-toi au code morse de la page 34.

– Bon, Léo… Je dois t'avouer quelque chose, dit gravement Simon. Personne encore n'avait réussi un sans faute à nos questions. Je vais donc te poser l'ultime question, celle qui te fera entrer ou non dans notre club. Nous avons un code secret pour entrer dans notre cabane.
On doit taper un mot en alphabet morse. Déchiffre-le et tu feras partie du club des enquêteurs !
Léo est soulagé. Une question. Une seule, et il pourra voir le trésor de ce club…

Je suis un des plus grands détectives anglais. Mon prénom comporte 8 lettres. À toi de le déchiffrer :

❑ Sherlack ❑ Sherlock ❑ Sherazad ❑ Sherkane

1re LETTRE	● ● ●	
2e LETTRE	● ● ● ●	
3e LETTRE	●	
4e LETTRE	● ▬ ●	
5e LETTRE	● ▬ ● ●	
6e LETTRE	▬ ▬ ▬	
7e LETTRE	▬ ● ▬ ●	
8e LETTRE	▬ ● ▬	

INDICES

1. Sur chaque ligne il y a un code qui représente une lettre d'un mot.
2. Il y a 8 lettres dans ce mot.
3. C'est le prénom d'un enquêteur célèbre.

Page 37, reporte le dessin de la bonne réponse, dans la case indiquée.

Réponse : je suis Sherlock Holmes.
Page 37, dessine un carré blanc dans la bonne case (comme il est montré à côté de *Sherlock* dans la question).

ÉNIGME 21

La « trappe aux trésors »

– **J**e suis très agréablement surpris, lance Simon. Tu as réussi toutes les épreuves. Tu as gagné le droit de voir notre trésor, mais tu devras quand même attendre quelques temps pour savoir où il est caché.

Léo acquiesce mais ne peut s'empêcher d'essayer de deviner où est rangé le fameux trésor du club. C'est alors qu'il entend Simon chuchoter au téléphone :
– Il a réussi, rejoins-moi à la trappe des combles, je viens le prendre pour lui montrer.
Léo sourit. Il sait où est le trésor…

Une trappe c'est :

❑ **Un coffre** ❑ **une petite porte** ❑ **Une pièce de la maison**

Page 37, reporte le dessin de la bonne réponse, dans la case indiquée.

INDICES

1. C'est souvent fait en bois.
2. On ne peut pas y entrer mais grâce à elle on peut entrer quelque part.

Réponse : une trappe est une petite porte.
Page 37, dessine un carré noir dans la bonne case (comme il est montré à côté de *petite porte* dans la question).

LE MYSTÈRE DU CRISTAL

MYSTÈRE RÉSOLU
ÉNIGMES 16 À 21

À quoi ressemble le trésor des enquêteurs ?

Les questions sont terminées. Léo est assez confiant, mais soudain Simon sort de la pièce sans dire un mot... Lorsqu'il revient, il porte un sac qui semble assez lourd.

– Léo, tu as réussi nos épreuves, alors je vais te montrer notre trésor. Tu fais désormais partie du club.

Léo est très ému. Il a l'impression qu'il va bien s'amuser auprès de ses nouveaux amis.

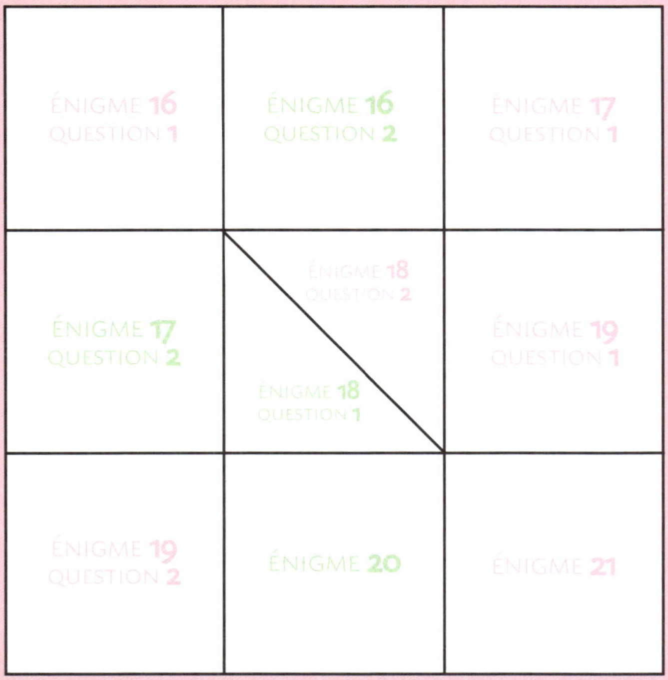

Colorie chaque case de la grille comme il est indiqué sur le dessin des réponses aux énigmes 16 à 21.

MYSTÈRE RÉSOLU

Réponse : 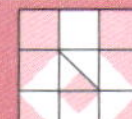

La rose des vents

Léo doit retrouver le quartier général du club à l'aide de ce plan et de quelques indications qui lui permettront de s'orienter.

Sur ce plan, chaque point représente 10 mètres (le musée, par exemple, ferait vingt mètres sur quarante). Lorsque la consigne est : 1N, cela signifie qu'il faut avancer d'un point (donc de 10 mètres) vers le Nord ; 2S, c'est 2 points vers le Sud, etc.

Il faut s'aider de la rose des vents pour repérer le Nord (N), le Sud (S), l'Est (E) et l'Ouest (O). Le point rose est le point de départ de Léo et le point vert est sa destination : le QG du club des enquêteurs.

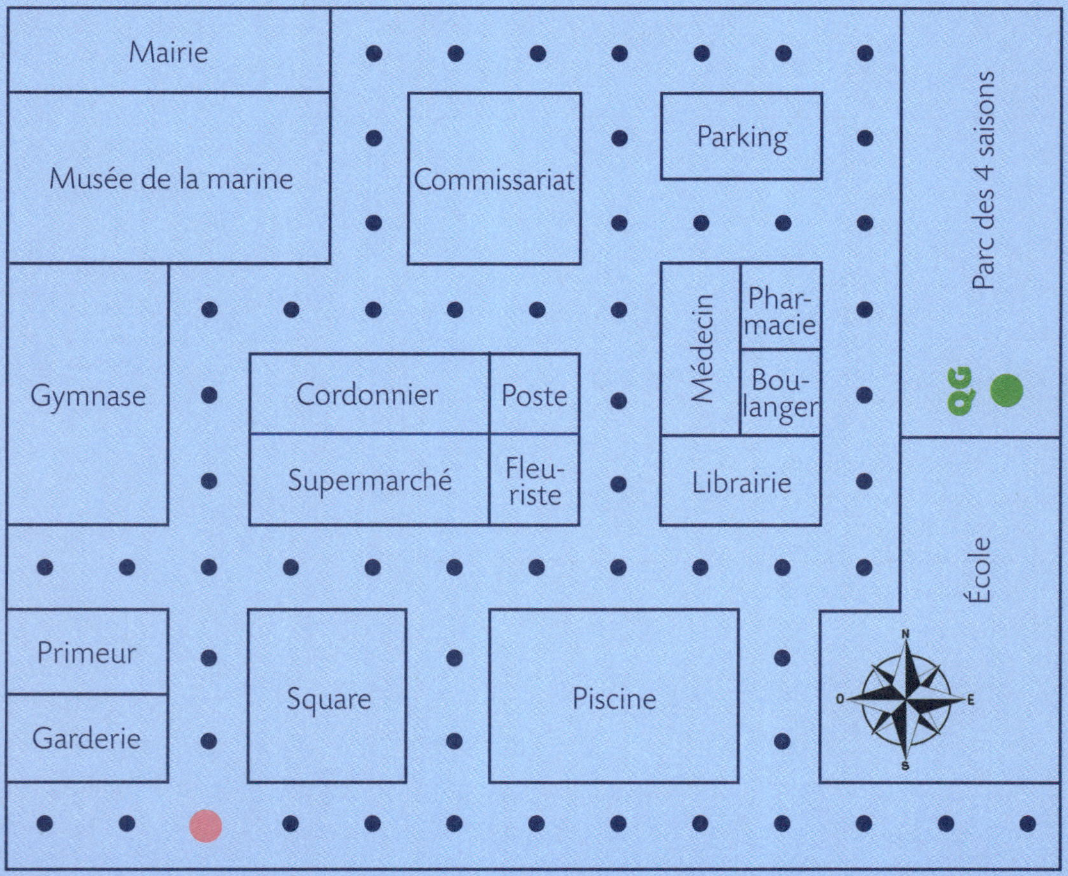

ÉNIGME 22 En chemin

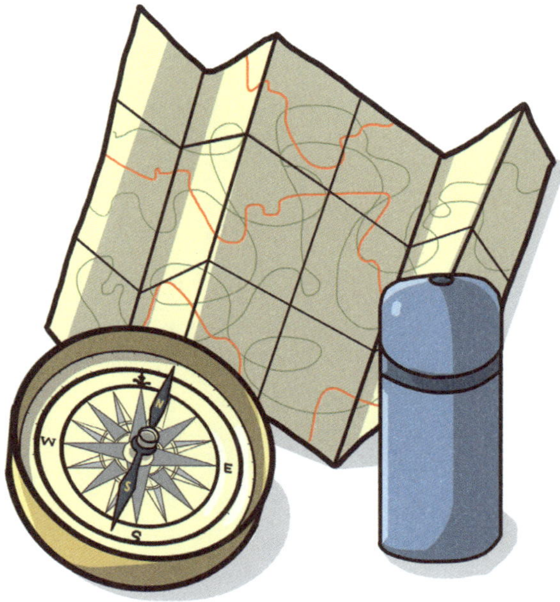

Pour résoudre cette énigme, reporte-toi au plan de la page 38.

Aujourd'hui, Léo va enfin pouvoir entrer dans la cabane du club des enquêteurs. Mais pour cela, il doit encore faire ses preuves et trouver le chemin tout seul. Il doit parvenir au QG en apportant une preuve de son passage à chacune des quatre étapes.

Pour cela, il reçoit des consignes d'orientation pour qu'il trouve son chemin grâce au plan.

Mais quelles drôles de consignes !

On dirait un code secret à déchiffrer.

La première consigne est 2N. Que va-t-il rapporter du 1er arrêt ?

- ❑ un ballon
- ❑ du jambon
- ❑ un poireau

Page 43, reporte le dessin associé à la bonne réponse, dans la 1re ligne.

INDICES

1. Ça se mange.
2. Un primeur vend des légumes et des fruits.

Réponse : il pourra acheter un poireau chez le primeur.
Page 43, reproduis la ligne de dessin associée au *poireau*.

Énigme 23

Nouvel arrêt

Pour résoudre cette énigme, reporte-toi au plan de la page 38.

Avec ses maigres économies, il achète quelque chose dans la première boutique puis retourne à la suite des opérations. Ça se complique, il y a deux directions différentes qui se suivent. Le quartier est plutôt grand, et il n'est pas sûr de trouver son chemin.

Avec la consigne 1N4E, que va-t-il rapporter du deuxième arrêt ?

- ❑ un fromage
- ❑ un poulet
- ❑ une rose

Page 43, reporte le dessin associé à la bonne réponse, dans la 2e ligne.

INDICES

1. Ça n'a pas de plumes.
2. Ça sent tellement bon que ça peut être utilisé pour fabriquer un parfum.

Réponse : Il pourra acheter une rose chez le fleuriste.
Page 43, reproduis la ligne de dessin associée à la *rose*.

ÉNIGME 24

Un peu plus loin

Pour résoudre cette énigme, reporte-toi au plan de la page 38.

Jusqu'ici tout va bien. À chaque fois qu'il s'est arrêté, Léo était devant un magasin. Ça ne pouvait pas être le hasard. Il repart alors d'un pas alerte, les articles servant de preuve dans son sac, pressé d'arriver à bon port.

Avec la consigne 1E3N2O, que va-t-il rapporter du troisième arrêt ?

- ❑ un stylo
- ❑ du cirage
- ❑ des timbres

Page 43, reporte le dessin associé à la bonne réponse, dans la 3e ligne.

INDICES

1. Le magasin devant lequel est arrêté Léo ne vend pas d'enveloppe.
2. On s'en sert pour entretenir le cuir des chaussures.

Réponse : il pourra acheter du cirage à la cordonnerie.
Page 43, reproduis la ligne de dessin associée au cirage.

ÉNIGME 25

Dernière halte

Pour résoudre cette énigme, reporte-toi au plan de la page 38.

Avec le temps, Léo prend plaisir à se promener dans la ville, le nez sur son plan et sur les vitrines des boutiques. Voici un autre code. Bon, apparemment, à en croire les directions proposées, c'est la dernière ligne droite… Enfin si l'on peut dire. Un dernier coup d'œil au plan et il va sans hésitation voir le dernier commerçant.

Avec la consigne 1O3N6E4S, que va-t-il rapporter du dernier arrêt ?

- ❑ des livres
- ❑ une baguette
- ❑ des lunettes

Page 43, reporte le dessin à côté de ta réponse, dans la 4e ligne.

INDICES

1. La boutique devant laquelle est arrêté Léo vend des viennoiseries.
2. On y vend surtout toutes sortes de pains.

Réponse : il peut acheter une baguette à la boulangerie.
Page 43, reproduis la ligne de dessin associée à la *baguette*.

Le mystère de l'hôtesse

MYSTÈRE RÉSOLU
ÉNIGMES 22 À 25

Qui va accueillir Léo au QG ?

Léo se retrouve sous le pommier. À travers les branches il distingue le plancher de la cabane. Elle a l'air d'être assez grande pour accueillir les 7 enfants en même temps. Il tape sur le tronc de l'arbre le code morse qui lui permettra d'entrer à genoux (puisque c'est la première fois).
Grâce aux lignes de dessin relevées après chaque réponse, il sait déjà qui va lui ouvrir la porte.

Pour le découvrir toi aussi, reporte les dessins associés aux bonnes réponses des énigmes 22 à 25 dans la grille ci-dessous :

Énigme **22**									
Énigme **23**									
Énigme **24**									
Énigme **25**									

MYSTÈRE RÉSOLU

Réponse : c'est Chloé qui lui ouvre la porte.

ÉNIGME 26

DES CLEFS

Dans la cabane, il n'y avait pas grand-chose. Hormis une table, quelques chaises et des tableaux au mur, rien de bien extraordinaire. Rien, si ce n'est ce coffre ancien posé là, dans un coin de la pièce, et six clefs dans une enveloppe sur laquelle est écrit, comme une invitation :

Trouve quelle clef ouvre le coffre, en résolvant cette énigme : Le haut de cette clef a quatre angles, mais aucun qui ne soit droit.

Réponse : ______

Page 51, reporte la lettre inscrite sur la bonne clef.

INDICES

1. Le cercle n'a aucun angle.
2. Les 4 angles d'un rectangle, comme ceux d'un carré, sont droits.

Réponse : c'est la clef qui porte la lettre A.
Page 51, écris la lettre A et trouve à quelle couleur elle correspond.

ÉNIGME 27

Serait-ce une farce ?

Ça y est, le coffre s'ouvre et Léo découvre stupéfait… un autre coffre !!!! Sur ce second coffre, six clefs de même forme, mais de couleurs différentes accompagnées bien sûr, d'une énigme. Décidément, on ne se repose jamais dans ce club ! Piqué par la curiosité, Léo tente de trouver la bonne clef…

La bonne clef est de la couleur de la main de celui qui jardine bien ou encore de la couleur des extraterrestres…

Réponse : ______

Page 51, reporte la lettre inscrite sur la bonne clef.

INDICES

1. On dit que les extraterrestres, surtout les martiens, sont des petits hommes…
2. Quand on jardine bien, on dit qu'on a la main…
3. La main d'un bon jardinier a la couleur de l'herbe.

Réponse : c'est la clef verte qui porte la lettre N.
Page 51, écris la lettre N et trouve à quelle couleur elle correspond.

ÉNIGME 28

Un coffre au trésor ?

Sans réelle surprise, Léo découvre un troisième coffre à l'intérieur du second, plus petit, mais mieux décoré. On dirait que le bois utilisé est différent. Sur le couvercle, six nouvelles clefs, toutes de la même couleur et de la même forme, avec une énigme qui devrait lui permettre de trouver laquelle d'entre elles ouvre le coffre.

La bonne clef est identique à la clef noire.

Réponse : ______

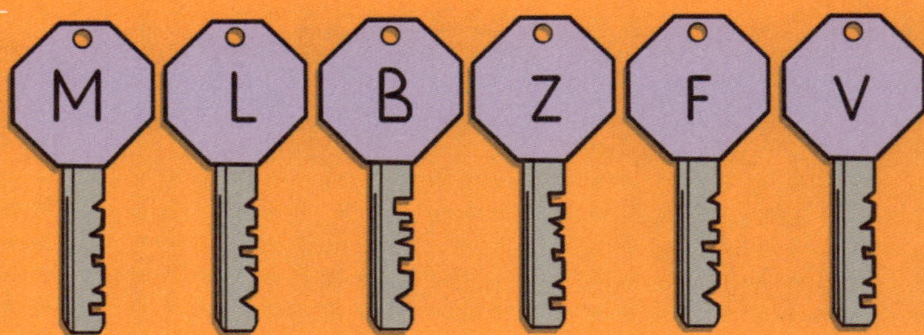

Page 51, reporte la lettre inscrite sur la bonne clef.

INDICES

1. Ce n'est ni la clef M, ni la clef V.
2. Ce n'est ni la clef L, ni la clef F.
3. Parmi les clefs restantes, la bonne clef est à gauche.

Réponse : c'est la clef qui porte la lettre B.
Page 51, écris la lettre *B* et trouve à quelle couleur elle correspond.

ÉNIGME 29

Le mystère du trousseau

Léo sourit lorsqu'il introduit la clef dans la serrure et la tourne sans difficulté. Le même geste, effectué pour la troisième fois, lui permet de découvrir le haut d'un autre coffre sur lequel reposent six nouvelles clefs… Cette fois, elles se ressemblent à ceci près qu'elles sont toutes de tailles différentes…

La bonne clef n'est pas aux extrémités, ni à côté de la plus grande clef…

Réponse : ______

Page 51, reporte la lettre inscrite sur la bonne clef.

INDICES

1. Les extrémités, c'est le plus à droite et le plus à gauche de l'ensemble des clefs.
2. La plus grande clef est la clef J et ce n'est donc pas l'une de celles qui sont à côté de cette clef.

Réponse : c'est la clef qui porte la lettre E.
Page 51, écris la lettre E et trouve à quelle couleur elle correspond.

ÉNIGME 30

La clef parfaite !

Léo aperçoit maintenant le cinquième coffre… Vu sa taille, il ne doit plus en rester beaucoup d'autres dissimulés encore… et cette idée fait redoubler sa curiosité et sa volonté de découvrir ce qui est si bien protégé.

La bonne clef est celle qui est parfaitement symétrique.

Réponse : ______

Page 51, reporte la lettre inscrite sur la bonne clef.

INDICES

1. Si la clef est symétrique, les 2 côtés droit et gauche de cette clef sont exactement les mêmes (pour chaque clef, regarde bien les dents).
2. La bonne clef porte la 3e lettre de l'alphabet.

Réponse : c'est la clef qui porte la lettre C.
Page 51, écris la lettre C et trouve à quelle couleur elle correspond.

ÉNIGME 31

Les poupées russes

Cette fois, il en est sûr. Ce coffre sera le dernier à ouvrir. Il est si petit que ce qu'il contient ne peut pas être un nouveau coffre. Dans quelques minutes, si tout va bien, il saura enfin…

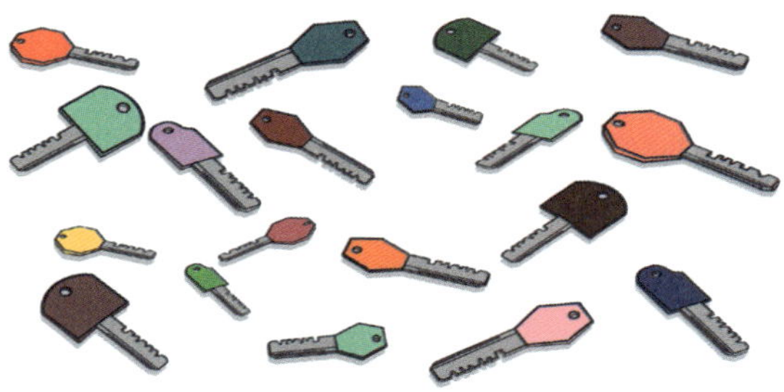

Celle qui est juste sous moi a autant de clefs au-dessus d'elle que moi j'en ai au-dessous.

Réponse : ______

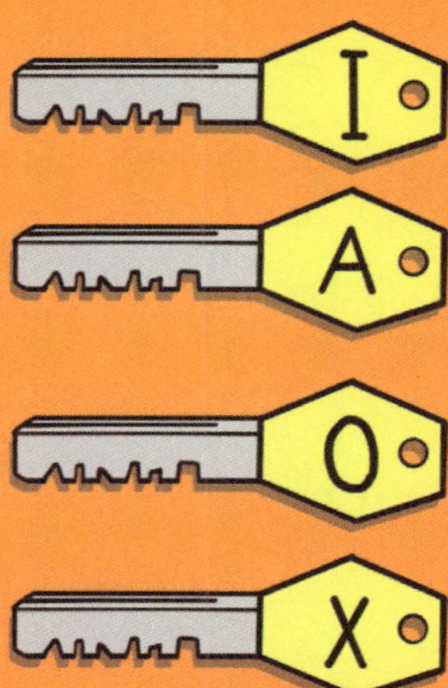

Page 51, reporte la lettre inscrite sur la bonne clef.

INDICES

1. S'il y a une clef sous la clef à trouver, c'est qu'elle n'est pas tout en bas.
2. Il ne peut pas y avoir 3 clefs sous la clef à trouver.

Réponse : la clef A a deux clefs en dessous d'elle. La clef O a deux clefs au-dessus d'elle. C'est donc la clef qui porte la lettre A.
Page 51, écris la lettre A et trouve à quelle couleur elle correspond.

MYSTÈRE RÉSOLU
ÉNIGMES 26 À 31

Le sésame du QG

Que va-t-on découvrir dans les coffres ?

Pour savoir ce qui était si bien caché dans le plus petit, remets les lettres inscrites sur les clefs dans le bon ordre, et colorie-les de la couleur demandée.

	Énigme **26**	Énigme **27**	Énigme **28**	Énigme **29**	Énigme **30**	Énigme **31**
Lettres sur la clef	____	____	____	____	____	____
Couleurs	Gris	Bleu	Rouge	Bleu	Vert	Jaune
Lettres dans l'ordre	____	____	____	____	____	____

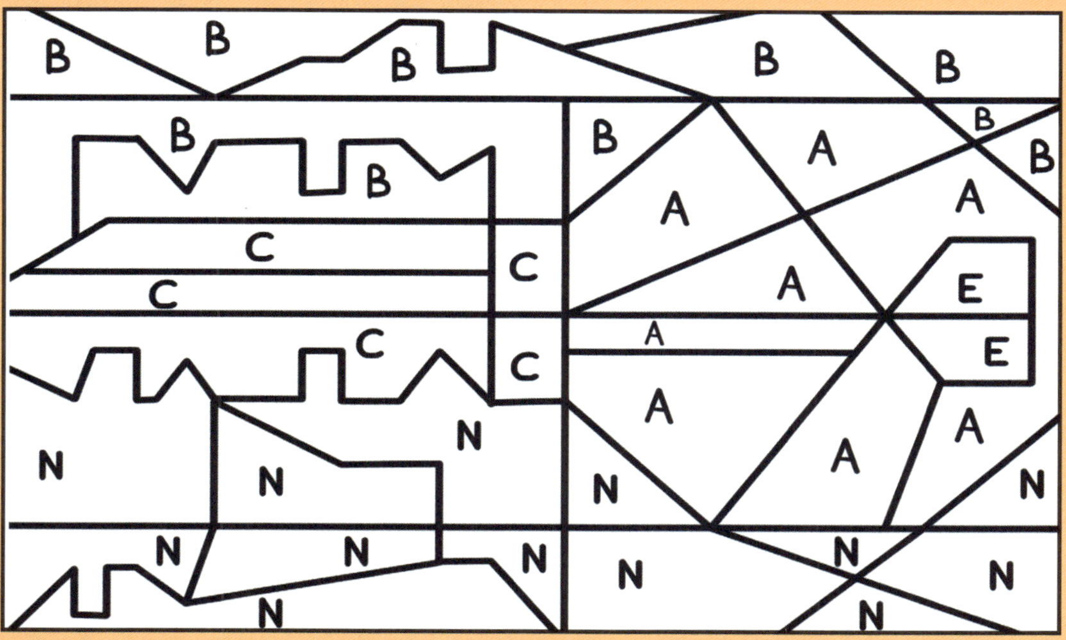

Dans le dernier coffre, il y avait ______________________

MYSTÈRE RÉSOLU

Réponse : C'est la clef de la cabane.

ÉNIGME 32

Au musée de la mer

Maintenant qu'ils sont tous réunis, les 7 enfants spécialistes des énigmes décident d'aller visiter un musée, celui de la mer.
Au premier étage, de grands aquariums regroupent la faune aquatique dans sa plus grande diversité. Les enfants se sont dirigés aussitôt vers celui des squales, où ils ont pu admirer leur animal totem fendre l'eau avec une aisance toute particulière. Pas de doute pour nos petits détectives, les requins sont les animaux les plus majestueux !

Et pourtant, certains animaux pourraient les impressionner encore plus, puisqu'ils ont construit seuls des îles entières ! Qui sont ces animaux bâtisseurs ?

- ❑ **Les baleines** (orange)
- ❑ **Les tortues** (jaune)
- ❑ **Les coraux** (bleu clair)

Page 57, colorie les zones n° 1 de la couleur de la bonne réponse.

INDICES

1. Ce ne sont pas des grands mammifères.
2. Ce ne sont pas des ovipares à carapace.
3. Ils ne bougent pas beaucoup.

Réponse : les coraux ne ressemblent pas à des animaux, mais plus à de la roche colorée, on en trouve dans les fonds marins.
Page 57, colorie les zones n° 1 en *bleu clair*.

ÉNIGME 33

Les îles

À l'étage supérieur, la première salle présente les îles des océans Arctique et Antarctique. L'Arctique se situe au Nord, il abrite les pingouins. L'Antarctique se situe au Sud et abrite les manchots. Dans la seconde salle, on découvre les différences d'une île à l'autre, certaines sont à peine plus grandes qu'un rocher, d'autres sont plus grandes que la France.

Question 1

Quel animal est à l'aise aussi bien dans les airs (il vole), que sous l'eau (il nage) ou sur terre (il marche) ?

❑ Le manchot ■ ❑ L'albatros ■ ❑ Le pingouin ■

Page 57, colorie les zones n° 2 de la couleur de la bonne réponse.

INDICES

1. Notre animal vit dans l'hémisphère nord.
2. Le manchot ne sait pas voler.
3. L'albatros, avec ses grandes ailes, est le plus à l'aise dans l'air.

Question 2

Comment s'appelle la plus grande île du monde ?

❑ Madagascar ■ ❑ La Corse ■ ❑ L'Australie ■

Page 57, colorie les zones n° 3 de la couleur de la bonne réponse.

INDICES

1. Ce n'est ni une île française, ni une île proche de l'Afrique.
2. Le nom de cette île comporte 2 « a ».

Réponse à la question 1 : on confond souvent le manchot et le pingouin mais le manchot vit dans l'hémisphère sud et ne peut pas voler, c'est donc le pingouin.
Page 57, colorie les zones n° 2 en *orange*.
Réponse à la question 2 : l'Australie est l'île la plus grande du monde.
Page 57, colorie les zones n° 3 en *marron*.

ÉNIGME 34

Un rempart naturel

Un guide rejoint maintenant les enfants et les convie à pénétrer dans l'immense salle où sont exposées des maquettes d'îles protégées par des vitres géantes. Les 7 visiteurs ont l'impression de naviguer sur les plus belles mers du monde, désirant s'arrêter sur ces immenses plages de sable blanc, et plonger dans l'eau limpide des océans. Parmi ces joyaux de la nature, Léo remarque une longue trace blanche dans la mer qui semble immense.
« En effet, lui dit le guide, elle mesure plus de 2 000 kilomètres et se trouve au large de l'île dont nous venons de parler ! »

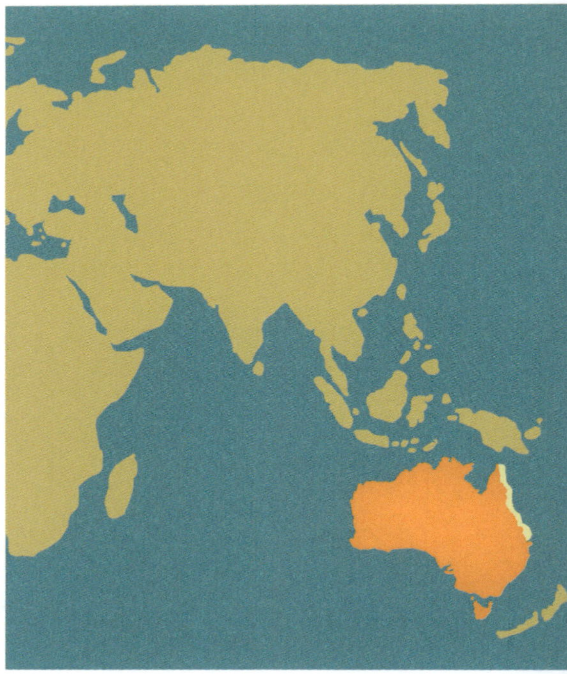

Comment s'appelle cette longue ligne qui traverse l'océan Pacifique ?

- ❑ La voie lactée (rose)
- ❑ La grande barrière de corail (vert)
- ❑ La grande muraille (jaune)

Page 57, colorie les zones n° 4 de la couleur de la bonne réponse.

INDICES

1. La voie lactée est faite d'étoiles.
2. La grande muraille a été construite sur le sol chinois.

Réponse : la ligne blanche au large de l'Australie est la grande barrière de corail.
Page 57, colorie les zones n° 4 en vert.

ÉNIGME 35

Les explorateurs

Les 7 enquêteurs parviennent au dernier étage du musée, où ils ont pu admirer l'ingéniosité des hommes qui, depuis des milliers d'années, quittent le plancher des vaches, pour aller explorer de nouvelles terres. Les premiers à avoir osé s'aventurer sur la mer étaient de vrais aventuriers, et ils seraient surpris de voir comment ont évolué les techniques de navigation depuis.

Que présente ce dernier étage ?

- ❑ **Des coraux** (marron)
- ❑ **Des bateaux** (jaune)
- ❑ **Des animaux marins** (vert foncé)

Page 57, colorie les zones n° 5 de la couleur de la bonne réponse.

INDICES

1. Les coraux n'ont jamais changé de techniques pour construire leurs barrières.
2. Cet étage ne parle pas d'animaux.

Réponse : cet étage parle des explorateurs maritimes : des navigateurs et de leurs bateaux.
Page 57, colorie les zones n° 5 en *jaune*.

ÉNIGME 36

Le paquebot

Longueur du paquebot : 269 m, largeur : 28 m, hauteur : 53 m et poids : environ 46 000 tonnes.

Parmi les maquettes, se trouvait celle-ci : un bateau, pourtant réputé insubmersible, qui coula à pic dans les mers gelées le 15 avril 1912. Ce paquebot, le plus grand et le plus luxueux construit à cette époque, pouvait transporter presque 2 400 passagers, mais ne possèdait que 20 canots de sauvetage.

De quel bateau s'agit-il ?

❑ Le Titanic ❑ Le Charles de Gaulle ❑ Le Queen Mary

Page 57, colorie les zones n° 6 de la couleur de la bonne réponse.

INDICES

1. C'était un bateau de croisière.
2. Il a coulé à cause d'un iceberg.
3. C'est le titre d'un film avec Leonardo Di Caprio.

Réponse : c'est bien le Titanic, le bateau réputé insubmersible qui a coulé en 1912.
Page 57, colorie les cases n° 6 en *bleu foncé*.

Le mystère du musée

MYSTÈRE RÉSOLU
ÉNIGMES 32 À 36

Au musée, qu'est-ce que les enfants ont préféré ?

Pour savoir ce qui a le plus intéressé les enfants, colorie le dessin grâce aux couleurs des réponses des énigmes 32 à 36.

Les enfants ont adoré ____________________

MYSTÈRE RÉSOLU

Réponse : Les enfants ont préféré les îles.

Le calendrier des vacances

À l'école, Léo aime beaucoup les questions qui sont posées autour du calendrier chaque matin, il a donc créé un calendrier des vacances ! Sur ce calendrier, il a coché les jours qui sont déjà passés et il a mis un parasol pour dire les jours où il est allé à la plage et ceux où il a prévu d'y aller.

AOÛT 2011

LUNDI	MARDI	MERCREDI	JEUDI	VENDREDI	SAMEDI	DIMANCHE
1	2	3	4	5	6	7
8	9	10	11	12	13	14
15	16	17	18	19	20	21
22	23	24	25	26	27	28
29	30	31				

= jours passés

= activité plage

ÉNIGME 37

Le calendrier

Pour résoudre cette énigme, reporte-toi au calendrier page 58.

Comme Léo est nouveau dans le club des enquêteurs, il doit proposer aux autres membres du groupe, des énigmes sur les sujets de son choix. Il décide alors d'interroger ses camarades sur son beau calendrier. Il a préparé quatre énigmes pour essayer de les piéger. Il a un peu le trac parce qu'il a peur qu'elles soient trop simples pour ces « pros » de l'enquête.

Combien de jours reste-t-il jusqu'à la fin du mois ?

Réponse : _______

Page 62, découpe l'étiquette qui contient la bonne réponse et colle-la à l'endroit indiqué page 63.

INDICES

1. Il y a 31 jours en tout, tu peux compter les jours passés (ils sont cochés) et effectuer une petite opération.
2. Tu peux aussi compter les jours qui ne sont pas cochés.

Réponse : il reste 15 jours avant la fin du mois d'août.
Page 62, découpe l'étiquette qui comporte le chiffre 15 et colle-la à l'endroit indiqué page 63.

ÉNIGME 38 Les vacances

Pour résoudre cette énigme, reporte-toi au calendrier page 58.

Léo est très appliqué dans son « devoir de vacances ». Son calendrier est assez grand pour que tous les enfants puissent le voir, et ses parasols ressemblent vraiment à celui qu'il emmène à la plage pour se protéger du soleil.

Question 1

Combien de jours de plage reste-t-il à Léo au mois d'août ?

Réponse : ______

Page 62, découpe l'étiquette qui contient la bonne réponse et colle-la à l'endroit indiqué page 63.

INDICES
1. Il a prévu d'aller 17 fois à la plage en août.
2. Il est déjà allé 10 fois à la plage depuis le début du mois.

Question 2

À la fin du mois, combien de fois Léo ne sera-t-il pas allé à la plage ?

Réponse : ______

Page 62, découpe l'étiquette qui contient la bonne réponse et colle-la à l'endroit indiqué page 63.

INDICES
1. Sur 31 jours, il a prévu d'aller 17 fois à la plage, il y a donc…
2. Mais encore plus simple, il suffit de compter sur le calendrier les jours sans parasol.

Réponse à la question 1 : il a prévu encore 17 − 10 = 7 jours de plage.
Page 62, découpe l'étiquette qui comporte le chiffre 7 et colle-la à l'endroit indiqué page 63.
Réponse à la question 2 : il y a 31 − 17 = 14 jours où il ne sera pas allé à la plage.
Page 62, découpe l'étiquette qui comporte le chiffre 14 et colle-la à l'endroit indiqué page 63.

ÉNIGME 39

Se repérer dans l'année

Pour résoudre cette énigme, reporte-toi au calendrier page 58.

« **B**on, jusqu'à présent, se dit Léo, les questions ont été assez faciles. Si je ne veux pas qu'ils regrettent de m'avoir pris dans leur club, il va falloir que je complique les énigmes. »

Quel était le dernier jour du mois de juillet ?

Réponse : ______________________

Page 62, découpe l'étiquette qui contient la bonne réponse et colle-la à l'endroit indiqué page 63.

INDICES

1. Il faut regarder le 1er jour du mois d'août.
2. C'est juste avant lundi.
3. C'est le seul jour de la semaine qui ne se termine pas par la syllabe « di ».

Réponse : le premier jour du mois d'août est un lundi, donc le jour d'avant est un dimanche.
Page 62, découpe l'étiquette qui comporte le mot *dimanche* et colle-la à l'endroit indiqué page 63.

ÉNIGME 40

L'ANTICIPATION

Pour résoudre cette énigme, reporte-toi au calendrier page 58.

Ils ont eu bien du mal à trouver cette fois, continuons sur cette voie, peut-être que Léo pourra enfin les piéger ! Il gagnera alors l'estime de ses nouveaux amis.

Quel sera le 1er jour du mois de septembre ?

Réponse : ______________________________

Découpe l'étiquette ci-dessous qui contient la bonne réponse et colle-la à l'endroit indiqué page 63.

INDICES

1. Il faut regarder le dernier jour du mois d'août.
2. C'est juste après le mercredi.

Réponse : le dernier jour du mois d'août est un mercredi, donc le jour qui suit est un jeudi.
Ci-dessous, découpe l'étiquette qui porte le mot *jeudi* et colle-la à l'endroit indiqué page 63.

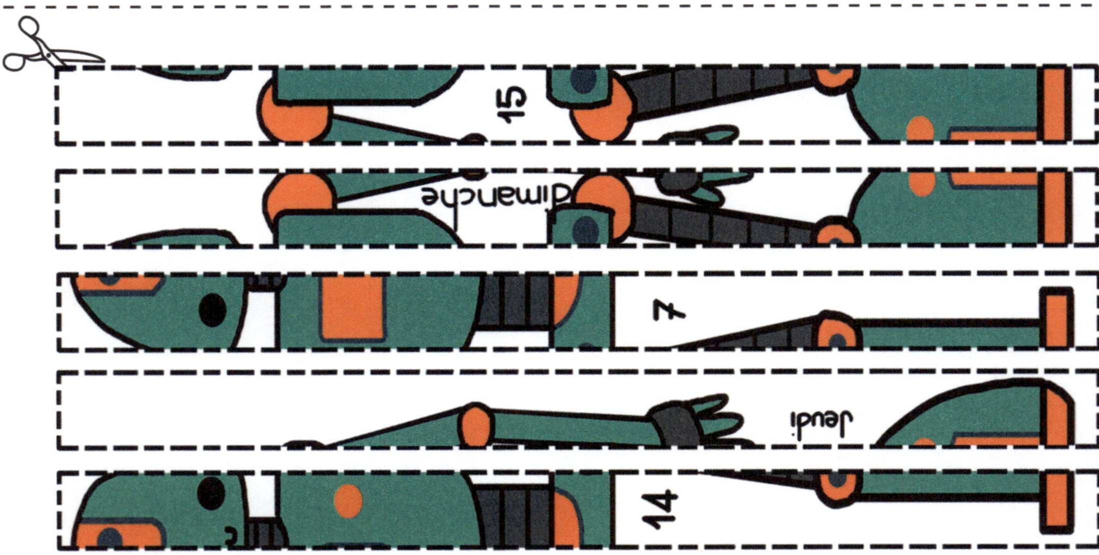

Le mystère de la cabane

Mystère résolu
Énigmes 37 à 40

Que veut apporter Léo à la cabane ?

	L'énigme **37**	L'énigme **38** - Question **1**	L'énigme **38** - Question **2**	L'énigme **39**	L'énigme **40**

Pour découvrir ce que Léo veut apporter à la cabane, colle dans l'ordre les étiquette de la page 62. Pour retrouver l'ordre, tu dois t'aider des réponses des énigmes 37 à 40 inscrites sur les étiquettes à découper.

Mystère résolu

Réponse : Léo amène son robot.

Dans la même collection

Conception maquette et mise en page : **MediaSarbacane**
Création des personnages : **Laurent Audouin**
Direction éditoriale : **Sylvie Cuchin**
Édition : **Anne-Sophie Perret**
Relecture : **Bérengère de Rivoire**

N° de projet : 10174186 - Dépôt légal : mars 2011
Achevé d'imprimer en France en mars 2011 sur les presses de l'imprimerie Chirat